GESCHICHTE UND GENÜSSE

GEHEN WIR AUF EINE KLEINE ZEITREISE: Ausgrabungen haben ergeben, dass die Gebiete um Dingharting und Straßlach bereits im 6. Jahrhundert besiedelt waren. Urkundlich erwähnt wurden unsere beiden Hauptorte jedoch viel später: Straßlach erstmalig im Jahre 819, also vor 1200 Jahren, und Dingharting vor 850 Jahren, also 1169. Diese urkundlichen Nennungen will die Gemeinde im Jahr 2019 ausgiebig würdigen. Alle Jahreszahlen weisen auf eine lange Geschichte und gefestigte Tradition hin.

Als Momentaufnahme des traditionellen Daseins und als Bekenntnis zu unserer Esskultur entsteht mit diesem Buch ein Kleinod zur Wahrung von originellen Rezepten aus unserem Dorf und zur Weitergabe an die nachfolgenden Generationen.
Der Frauengemeinschaft möchte ich für diesen schönen Beitrag von Herzen danken.

HANS SIENERTH, ERSTER BÜRGERMEISTER

SO SCHÖN IST UNSERE HEIMAT Das ist der Blick von der Ludwigshöhe in Kleindingharting auf Deining, im Hintergrund Ergertshausen und die Berge

INHALT

6-7 Tölzer Topfenstriezel	58-59 Festtagstorte
8-9 Birnen-Schmand-Kuchen	60-61 Apfel-Blätterteig-Rosen
10-11 Schokobombe	62-63 Karins Rumbombe
12-13 Apfelkuchen	64-65 Bärlauchspaghetti
14-15 Mokkatorte	66-67 Feuerwehrkuchen
16-17 Omas Eierlikörkuchen	68-69 Mamas Rotweinkuchen
18-19 Bilderbogen	70-71 Hasenöhrl
20-21 Beerentarte	72-73 Giottotorte
22-23 Mohngugelhupf	74-75 Dekorationsideen
24-25 Scheiterhaufen	76-77 Himmelstorte
26-27 Rhabarberkuchen	78-79 Buttermilchkuchen
28-29 Mandelgebäck	80-81 Wildblütengelee
30-31 Stockbrot	82-83 Windbeuteltorte
32-33 Fischzucht Aumühle	84-85 Kirschwasserplätzchen
34-35 Ingwernudeln	86-87 Kleine Genüsse
36-37 Unkrautpizza	88-89 Schokokuchen
38-39 Gnocchi-Spinat-Auflauf	90-91 Bienenstichmuffins
40-41 Quarkspitzen	92-93 Rosis beschwipste Nusstorte
42-43 Bananensplittorte	94-95 Zimtkipferl
44-45 Sommertraumdessert	96-97 Hirschknöpfe
46-47 Prinzregententorte	98-99 Bilderbogen
48-49 Erdbeer-Joghurt-Torte	100-101 Leberknödelsuppe
50-51 Apfel-Walnuss-Kuchen	102-105 Gut Ingold
52-53 Obstkuchen im Glas	106-107 Büchervorschau, Adressen
54-55 Käsenocken	108 Impressum, Rechtliches
56-57 Traditionen	

LONI BEIERBECK: „Früher hat man die Topfenstriezel auch zur deftigen Suppe gegessen. Wir genießen sie zu einer Tasse Kaffee."

TÖLZER TOPFENSTRIEZEL

GESCHIRRTUCH, TOPF

ZUTATEN · 1000 g Mehl · 1 ½ Würfel Hefe · Etwas Salz · 2 EL Zucker · 6 Eier · 500 g Topfen (Quark) · 2 Becher Sahne · 100 ml Milch

ZUM AUSBACKEN · 1500 g Butterschmalz

ZUBEREITUNG Alle Zutaten in eine Schüssel geben, mit dem Knethaken des Mixers zu einem Hefeteig verarbeiten. Den Teig mit einem Geschirrtuch abdecken und 45 Minuten gehen lassen.
Anschließend einen langen Strang oder eine Rolle formen. Jeweils 10 cm lange Stücke abschneiden und daraus längliche Nudeln formen. Nochmals kurz gehen lassen. Butterschmalz erhitzen, die Nudeln nach und nach in das heiße Butterschmalz geben und sie ca. 8 Minuten darin ausbacken.
Anfangs mit geschlossenem Deckel, nach ca. 4 Minuten Deckel abnehmen und das vom Dampf entstandene Wasser am Deckel ins Fett tropfen lassen. Nudeln wenden und goldgelb fertig backen. Durch das Wasser bekommen sie eine schönere Oberfläche.

ELISABETH JACKEL: „Mein Birnen-Schmand-Kuchen gelingt immer! So kann ich entspannt am Sonntag in der Kirche Orgel spielen, auch wenn nachmittags Gäste kommen."

BIRNEN-SCHMAND-KUCHEN

BLECH, BUTTER ZUM EINFETTEN

ZUTATEN FÜR DEN TEIG · 250 g Butter · 250 g Zucker · 2 Pck. Vanillezucker · 3 Eier · 300 g Mehl · 2 TL Backpulver

FÜR DEN BELAG · 2 Pck. Vanillepuddingpulver · 1 l Milch · 850 g Birnen aus der Dose (Abtropfgewicht) · 5 Becher Schmand · 5 EL Zucker

ZUM BESTREUEN · Etwas Zimt · 5 EL Puderzucker

ZUBEREITUNG Für den Teig Butter, Zucker, Vanillezucker schaumig rühren, Eier nach und nach hinzufügen. Mehl und Backpulver unterrühren. Teig auf ein gefettetes Blech streichen.

Puddingpulver mit der Milch kochen. Birnen gut abtropfen lassen und in kleine Stücke schneiden. Birnenstücke zum gekochten Pudding geben und die Puddingcreme auf dem Teig verteilen. Den Kuchen bei 175 Grad Umluft ca. 30 bis 40 Minuten backen.

Schmand mit 5 EL Zucker verrühren und sofort über den noch heißen Kuchen geben. Nach dem Erkalten mit Zimt und Puderzucker bestreuen.

Den Kuchen backe ich einen Tag vorher, so zieht er gut durch.

SCHOKOBOMBE

USCHI BICHLER: „Die Birnen kann man sehr gut auch durch Bananen ersetzen."

SPRINGFORM (26 CM), SCHÜSSEL (CA. 26 CM), FRISCHHALTEFOLIE, BUTTER ZUM EINFETTEN

ZUTATEN · 4 Eier · 2 EL Wasser, heiß · 150 g Zucker · 1 EL Vanillezucker · 200 g Mehl · 10 g Kakaopulver · 1 TL Backpulver, gestrichen

FÜR DIE FÜLLUNG · 125 ml Milch · 150 g Halbbitterschokolade · 5 Blatt Gelatine, weiß · 500 ml Sahne · 1 Dose Birnen, Abtropfgewicht 460 g · 2 EL Rum · 2 EL Aprikosenkonfitüre

FÜR DEN BELAG · 500 ml Schlagsahne · 1 Pck. Sahnesteif · 1 TL Kakao · Schokolade, geraspelt

ZUBEREITUNG Ofen auf 180 Grad Ober-/Unterhitze vorheizen. Für den Boden Eier, Wasser, Zucker, Vanillezucker schaumig rühren, Mehl, Kakaopulver, Backpulver unterheben. Die Masse in eine gefettete Springform füllen. Bei 180 Grad ca. 25 Minuten backen. Boden erkalten lassen, dann einmal waagerecht durchschneiden. Schüssel mit Frischhaltefolie auslegen, mit dem unteren Biskuitboden auslegen. Für die Füllung Milch erwärmen, Schokolade darin auflösen. Gelatine in Wasser einweichen, ausdrücken, zur Schokoladenmilch hinzufügen, so lange rühren, bis sie komplett aufgelöst ist. Schokoladenmilch kalt stellen. Sobald die Flüssigkeit beginnt zu gelieren, Sahne steif schlagen, unterheben. Die Masse in die Schüssel füllen, glatt streichen, mit den abgetropften, halbierten Birnen belegen und mit Frischhaltefolie abdecken. Über Nacht in den Kühlschrank stellen. Am nächsten Tag den oberen Boden mit Rum tränken und Konfitüre bestreichen, Boden mit der bestrichenen Seite auf die Birnen legen. Die Kuppel auf eine Tortenplatte stürzen. Für den Belag Sahne mit Sahnesteif steif schlagen, Kakao unterrühren, die Kuppel damit bestreichen und mit Schokoraspeln verzieren.

RENATE MEROLD: „In unserem Garten stehen Apfelbäume, auch die Sorte Boskop. Die nehme ich vorzugsweise für diesen Kuchen."

APFELKUCHEN

2 BLECHE, BACKPAPIER

ZUTATEN FÜR DIE BÖDEN · 250 g Butter · 200 g + 30 g Zucker · 1 Pck. Vanillezucker · 4 Eier · 250 g Mehl · 2 TL Backpulver · 100 g Mandeln, gemahlen · 2 TL Zimt

FÜR DIE FÜLLUNG · 1 kg Äpfel · 4 EL Apfelsaft · 1 EL Rum · 30 bis 50 g Zucker · 1 TL Zimt · 1 Pck. Vanillepuddingpulver · 4 EL Wasser · 3 Becher Sahne · 3 Pck. Sahnesteif · 1 Pck. Vanillezucker

ZUBEREITUNG Ofen auf 175 Grad Ober-/Unterhitze vorheizen. Für die Böden Butter, 200 g Zucker, Vanillezucker, Eier, Mehl, Backpulver in eine Schüssel geben und zu einem glatten Teig verrühren. 2 Bleche mit Wasser befeuchten und mit Backpapier auslegen. Den Teig auf die Bleche streichen. Mandeln, 30 g Zucker, Zimt mischen und auf beide Böden verteilen. Die Bleche bei 175 Grad ca. 15 bis 20 Minuten backen. Auskühlen lassen. Für die Füllung Äpfel schälen, raspeln, mit Apfelsaft, Rum, Zucker und Zimt in einen Topf geben, dünsten. Vanillepuddingpulver mit Wasser anrühren, zu den heißen Äpfeln geben, kurz aufkochen lassen. Masse erkalten lassen, dann auf einen der Böden streichen. Sahne mit Sahnesteif und Vanillezucker steif schlagen, über die Äpfel geben. Den zweiten Boden, die Mandelmischung zeigt nach oben, auf den Kuchen legen. Mit Backpapier abdecken und einen Tag ruhen lassen.

MELANIE WIESER: „Wer Eiskaffee mag, wird diesen Kuchen lieben."

MOKKATORTE

SPRINGFORM (26 CM), BUTTER ZUM EINFETTEN

ZUTATEN · 250 g Löffelbiskuit · 175 g Butter, zimmerwarm · 10 Blatt Gelatine · 500 g Magerquark · 250 g Schmand · 2 doppelte Espressi · 100 g Zucker · 1 Pck. Vanillezucker · 300 ml Sahne

ZUR VERZIERUNG · Mokkabohnen

ZUBEREITUNG Löffelbiskuit zerbröseln und mit der weichen Butter vermengen. Springform fetten, die Löffelbiskuitmasse als Boden in die Form drücken. Gelatine in Wasser einweichen. Die übrigen Zutaten – außer der Sahne – verrühren. Aufgelöste Gelatine unter die Masse rühren.
200 ml Sahne steif schlagen, ebenfalls unter die Masse heben. Creme auf dem Boden verteilen, glatt streichen. Torte für mindestens 4 Stunden in den Kühlschrank stellen, am besten jedoch über Nacht. Vor dem Servieren 100 ml Sahne steif schlagen. Mit der Sahne und den Bohnen die Torte verzieren.

GISELA PROBST: „Ich serviere gern noch geschlagene Sahne mit einem Schuss Eierlikör zum Kuchen."

OMAS EIERLIKÖRKUCHEN

GUGELHUPFFORM, BUTTER ZUM EINFETTEN, MEHL ZUM BESTÄUBEN

ZUTATEN · 5 Eier · 250 g Zucker · 2 Pck. Vanillezucker · ¼ l Sonnenblumenöl · ¼ l Eierlikör · 250 g Mehl · 1 Pck. Backpulver

ZUR VERZIERUNG · Puderzucker

ZUBEREITUNG Ofen auf 180 Grad Ober-/Unterhitze vorheizen. Eier mit Zucker und Vanillezucker gut verrühren. Öl und Eierlikör nach und nach hinzufügen. Mehl und Backpulver vermengen, ebenfalls unter die Teigmasse rühren.
Eine Gugelhupfform einfetten und bemehlen. Teig in die Form geben. Bei 180 Grad ca. 60 Minuten backen. Etwas abkühlen lassen, stürzen. Vor dem Servieren mit Puderzucker bestäuben.

GLÜCKSMOMENT Einen Augenblick verweilen, in sich gehen, die Stille genießen. Am Horizont küssen die Chiemgauer und Ammergauer Alpen den bayrischen Himmel. Welch grandioses Panorama. Die Ludwigshöhe, ein Ort, der uns verzaubert

GRÜSS GOTT in der Pfarrkirche St. Laurentius. Erbaut von Jörg Ganghofer, der auch die Münchner Frauenkirche errichtete. Seit 1492 ist sie die Dorfkirche von Großdingharting. Eine kleine Geschichte dazu: Einst konnte ein zum Tode Verurteilter versuchen, sich vom nahen Galgenberg bis zur Kirche durchzuschlagen. Entging er seinen Verfolgern und glückte es ihm, das nahe dem Kircheneingang angebrachte Kreuz zu berühren, war er ein freier Mann

BAUMDÄCHER Die Lindenallee an der Ludwigshöhe in Kleindingharting. Am Ende der romantischen Allee, so sagte man, plante König Ludwig I., eine prachtvolle Residenz zu errichten. Die moderne Wissenschaft ging der Sache nach und fand heraus: Alles nur eine schöne Legende

FESCH Das ist Elina in ihrem Lieblingsdirndl. Ihre Mutter Monika hat den Nusskuchen auf Seite 92 gebacken

DORFLEBEN Auf dem Bild oben sehen wir das restaurierte Pfarrhaus in Großdingharting. Foto rechts: Ein stolzer Hahn auf seinem Spaziergang

BEERENTARTE

USCHI TOMCIN: „Bevor Sie die Tarte aus dem Ofen nehmen, bitte darauf achten, dass die Creme richtig fest ist. Lieber noch ein paar Minuten länger backen lassen."

TARTEFORM (26 CM), BUTTER ZUM EINFETTEN

ZUTATEN FÜR DEN HEFETEIG · 500 g Mehl · 30 g Hefe · 60 g Zucker · ¼ l Milch, lauwarm · 60 g Butter, geschmolzen · 1 Ei · 1 Prise Salz · Abgeriebene Schale von 1 Bio-Zitrone

FÜR DEN BELAG/DIE CREME · 500 g Beeren, auch gefroren möglich · 150 ml Crème fraîche · 3 Eier · 50 g Zucker · 2 Pck. Vanillezucker

ZUBEREITUNG Ofen auf 180 Grad Ober-/Unterhitze vorheizen. Zunächst einen Vorteig herstellen: Mehl in eine Schüssel geben, Mulde eindrücken, die Hefe hineinbröseln, 10 g vom Zucker, die lauwarme Milch, etwas Mehl vom Muldenrand hineingeben, alles verrühren. Abdecken und an einem warmen Ort 15 Minuten ruhen lassen. Danach restlichen Zucker, geschmolzene Butter, Ei, Salz, Zitronenschale hinzufügen, gut verkneten. Nochmals 40 Minuten ruhen lassen. Den Teig ausrollen und in eine gefettete Tarteform geben. Boden auskleiden, kleinen Rand hochziehen. Den Boden mehrfach mit einer Gabel einstechen. Die Beeren, sie können auch noch gefroren sein, wenn man keine frischen verwendet, in der Form verteilen. Crème fraîche, Eier, Zucker, Vanillezucker mit dem Schneebesen verrühren, über die Beeren gießen. Die Tarte bei 180 Grad ca. 35 bis 40 Minuten backen.

CHRISTA GIGL: „Dingading is mei Dahoam und i mog nirgends sonst sei."

MOHNGUGELHUPF

GUGELHUPFFORM (22 CM), BUTTER ZUM EINFETTEN

ZUTATEN · 125 g Butter · 125 g Zucker · 3 Eier · 100 g Nüsse, gemahlen · 1/8 l Sahne · 3 Tropfen Bittermandelöl · 100 g Mehl · 1 Pck. Mohnfix · 1 Msp. Backpulver

ZUBEREITUNG Ofen auf 180 Grad Heißluft vorheizen. Alle Zutaten zu einem glatten Teig verrühren. Gugelhupfform einfetten und die Teigmasse hineingeben. Den Mohnkuchen bei 180 Grad ca. 45 Minuten backen.

„*ICH STRICKE SEHR GERN,* zum Beispiel Trachtenjacken. Mit Stricken verbinde ich Gemütlichkeit, Zufriedenheit und Entspannung."

ANNETTE SEDLMEYER: „Wenn ich als Obst Äpfel wähle, dann gebe ich manchmal noch 50 Gramm Rosinen dazu."

SCHEITERHAUFEN

AUFLAUFFORM, BUTTER ZUM EINFETTEN

ZUTATEN · 7 alte Semmeln · ¾ l Milch · 1 Prise Salz · 60 g Zucker · 5 Eier · 750 g Obst wie Äpfel oder Kirschen oder Zwetschgen · Saft von ½ Zitrone · 1 EL Zucker · 1 TL Zimt · 40 g Butter

ZUBEREITUNG Ofen auf 175 Grad Ober-/Unterhitze vorheizen. Die Semmeln in Scheiben oder Würfel schneiden und in eine große Schüssel geben. Milch, Salz, Zucker, Eier gut verrühren, über die Semmelscheiben gießen. Ca. 10 Minuten ziehen lassen. Das Obst vorbereiten, in diesem Fall Äpfel schälen, Gehäuse entfernen, in Scheiben schneiden, mit Zitronensaft beträufeln, mit Zucker und Zimt süßen. Falls Sie Kirschen oder Zwetschgen nehmen, diese bitte entsteinen. Eine Auflaufform buttern und eine Schicht von der Semmelmasse hineingeben, es folgt eine Schicht Obst, danach wieder die Semmelmasse sowie das Obst. Zum Schluss noch etwas von der „Einweichmilch" darübergießen und Butterflöckchen auf den Scheiterhaufen setzen. Bei 175 Grad ca. 40 Minuten backen.

JOSEPHINE HAFNER: „Wo ich im Sommer gern den Tag ausklingen lasse? Mit einem Hugo am Deininger Weiher."

RHABARBERKUCHEN

SPRINGFORM (26 CM), BUTTER ZUM EINFETTEN

ZUTATEN FÜR DEN TEIG · 200 g Mehl · 150 g Butter · 80 g Zucker · 1 Prise Salz

FÜR DEN BELAG · 3 Eier · 100 g Zucker · Mark von 1 Vanilleschote · 150 g Crème fraîche · 400 g Rhabarber

ZUBEREITUNG Ofen auf 200 Grad Ober-/Unterhitze vorheizen. Für den Teig Mehl, Butter, Zucker, Salz in eine Schüssel geben, zu einem krümeligen Teig verarbeiten. Springform fetten und den Teig auf den Boden drücken. Bei 200 Grad ca. 20 Minuten backen.
Für den Belag Eier mit Zucker, Vanillemark in ein Gefäß geben, schaumig rühren, Crème fraîche unterheben. Die Masse auf dem Boden verteilen. Rhabarber schälen, in kleine Stücke schneiden. Die Rhabarberstücke auf die Creme geben. Den Kuchen nochmals 40 bis 45 Minuten bei 200 Grad backen.

MARIA ZISTL: „Das Mandelgebäck, auch Cantuccini genannt, bewahre ich in einer Blechdose auf."

MANDELGEBÄCK

KLARSICHTFOLIE, BLECH, BACKPAPIER

ZUTATEN · 250 g Mehl · 150 g Zucker · 1 TL Backpulver · 2 Pck. Vanillezucker · ½ Fl. Bittermandelöl · 1 Prise Salz · 25 g Butter · 2 Eier, klein · 175 g Mandeln, ganz

ZUBEREITUNG Ofen auf 200 Grad Ober-/Unterhitze vorheizen. Mehl, Zucker, Backpulver, Vanillezucker, Bittermandelöl, Salz auf die Arbeitsfläche häufen, in die Mitte eine Mulde drücken. Butter und Eier in die Mulde geben. Alles zu einem Teig verarbeiten. Die Mandeln darunterkneten, zu einer Kugel formen, in Folie wickeln und 30 Minuten in den Kühlschrank geben.
Den Teig in 6 gleiche Stücke teilen. Daraus 25 cm lange Rollen formen. Backblech mit Backpapier auslegen, die Rollen im Abstand von 8 cm darauflegen.
Bei 200 Grad ca. 10 bis 15 Minuten backen. Kalt werden lassen. Dann schräg in etwa 1 cm dicke Scheiben schneiden. Nochmals 8 bis 10 Minuten bei 200 Grad backen. Gut auskühlen lassen.

STOCKBROT

QUIRIN SCHNEIDER:
"Unter den Teig mische ich manchmal Speck- oder Schinkenwürfel und geriebenen Käse."

HOLZSTÖCKE (80 BIS 100 CM LANG), TEIGRADEL

ZUTATEN FÜR 8 PERSONEN
- 500 g Mehl · 1 Pck. Trockenhefe
- 250 ml Wasser, lauwarm · 3 EL Olivenöl · 1 EL Salz
- 1 Prise Zucker · Pizzagewürz nach Belieben

ZUBEREITUNG Aus allen Zutaten einen Hefeteig herstellen. Diesen mindestens 30 Minuten abgedeckt an einem warmen Ort ruhen lassen. Dann den Teig nochmals gut durchkneten und zu einem Rechteck ausrollen. Dieses in etwa 5 cm dicke Streifen radeln und um die Holzstöcke spiralförmig schlingen. Stockbrot etwa 10 bis 15 Minuten im heißen Feuer rösten, dabei den Stock ab und zu drehen.

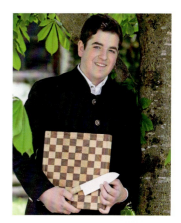

LEIDENSCHAFT *"Ich arbeite seit meinem 13. Lebensjahr mit Holz. Hier seht ihr eine Schale, ein Brett, den Stiel eines Messers, Dinge, die ich gefertigt habe. Mein Berufswunsch? Natürlich Schreiner."*

Im Herzen der **PUPPLINGER AU** liegen die Teiche der Fischzucht Aumühle.
Eine Schlemmer-Adresse! Forelle, Saibling, Lachsforelle tummeln sich im kristallklaren Wasser.

MARTIN LUTZ kommt uns aus der Räucherei entgegen. Vollbart, Wollmütze, Gummistiefel, sympathisches Lachen. Der Fischwirt ist Geschäftsführer der Aumühle.

Im edlen Erlenholz wurden gerade Forellen geräuchert. „Wir haben einen Hofladen, bieten dort unsere Fische an. Auch Angler sind willkommen", sagt er. Und er hat einen tollen **TIPP FÜR DIE GRILLSAISON**: „Küchenfertige Fische über Nacht in Salzlake einlegen, mindestens 10 Stunden." Salzlake? „Ja, ihr nehmt pro Liter Wasser 90 Gramm Salz, das muss aufgelöst werden. Pro Kilo Fisch 1,5 Liter Salzlake rechnen. Die Fische sollten von der Lake vollständig bedeckt sein. Die Lake kalt stellen, am besten in den Kühlschrank."
Vor dem Grillen die Fische einmal unter fließendem Wasser abwaschen, trocken tupfen und „schon sind sie fertig für den Grill. Einfach mal ausprobieren, schmeckt hervorragend."

LOTTE BEIERBECK: „Meine Nudeln sind so fein, es lädt sich jeder bei mir zum Essen ein."

INGWERNUDELN

TOPF, PFANNE

ZUTATEN FÜR 2 PERSONEN · 200 g Dinkel-Eier-Spaghetti · Salz · 30 g Ingwer · 1 mittlere Stange Lauch · 3 Frühlingszwiebeln · 3 EL Öl · Pfeffer · Chili · Parmesan nach Belieben

ZUBEREITUNG Spaghetti im Salzwasser bissfest kochen, abtropfen lassen. Ingwer schälen, klein würfeln. Lauch und Frühlingszwiebeln klein schneiden. Öl in eine Pfanne geben, Ingwer, Lauch, Frühlingszwiebeln darin andünsten. Mit Salz, Pfeffer, Chili würzen. Etwas Wasser dazugeben, damit es nicht anbrennt. Spaghetti unterheben und nach Belieben Parmesan darüberstreuen.

GUNDERMANN | BÄRLAUCH | SPITZWEGERICH | LÖWENZAHN | GIERSCH | BRENNNESSEL

HILDEGARD HEITMEIR: „Ich bin Kräuterpädagogin und von meinen Wiesenspaziergängen komme ich stets satt heim."

UNKRAUTPIZZA

NUDELHOLZ, MEHL ZUM AUSROLLEN, BLECH, BUTTER ZUM EINFETTEN

ZUTATEN FÜR DEN TEIG · 375 g Mehl · 20 g Hefe · 1 Prise Zucker · 1 EL Öl · 1 Prise Salz · Knapp ¼ l Wasser, warm

FÜR DEN BELAG · 200 g Zwiebeln · 4 EL Öl · 200 g Wildgemüse wie Brennnessel, Giersch, Löwenzahnblätter, Spitzwegerich, Gundermann, Bärlauch · 1 Knoblauchzehe · Etwas Wasser · Zum Abschmecken Zitronensaft, Salz, Pfeffer · Tomatensoße nach Belieben · 100 g Käse, gerieben

ZUBEREITUNG Mehl auf eine Arbeitsfläche geben, eine Mulde in die Mitte drücken, Hefe, Zucker, Öl, Salz und warmes Wasser schlückchenweise in die Mulde geben. Alles zu einem Hefeteig verkneten. Teig abgedeckt ca. 45 Minuten ruhen lassen. Zwiebeln würfeln, im Öl glasig dünsten, tropfnasses, in Streifen geschnittenes Wildgemüse, klein geschnittene Knoblauchzehe und etwas Wasser hinzufügen. Mehrfach wenden, bis es zusammenfällt. Mit Zitronensaft, Salz, Pfeffer abschmecken.
Teig ausrollen, das gefettete Blech damit auslegen. Tomatensoße darübergeben, Wildgemüsemasse darauf verteilen. Mit dem Käse bestreuen. Die Pizza 30 Minuten gehen lassen. Ofen auf 220 Grad Ober-/Unterhitze vorheizen. Pizza bei 220 Grad ca. 20 bis 30 Minuten backen.

IRMI WAGNER: „Statt des Spinats verwende ich auch gedünsteten Lauch."

GNOCCHI-SPINAT-AUFLAUF

AUFLAUFFORM, BUTTER ZUM EINFETTEN

ZUTATEN · 500 g Gnocchi · 1 Zwiebel · 2 Knoblauchzehen · 2 EL Olivenöl · 450 g Spinat, gefroren · 200 g Frischkäse · 1 Becher Schmand · Frische Gartenkräuter wie Petersilie, Dill, Bärlauch · 70 g Emmentaler · Sonnenblumenkerne nach Belieben

ZUBEREITUNG Ofen auf 180 Grad Ober-/Unterhitze vorheizen. Gnocchi nach Anweisung kochen, abgießen. Zwiebel und Knoblauch schälen, klein schneiden, im Öl dünsten.
Eine Auflaufform fetten und den gefrorenen Spinat hineingeben. Gnocchi darüberlegen. Frischkäse und Schmand mit den gewaschenen und getrockneten Kräutern verrühren. Zwiebel, Knoblauch und die Frischkäsemischung über die Gnocchi geben. Mit Emmentaler und Sonnenblumenkernen bestreuen. Bei 180 Grad ca. 30 Minuten backen.

ANNA GRASL: „Ich wohne seit 1962 in Kleindingharting nahe der Ludwigshöhe. Mit 669 Metern ist sie der höchste Punkt im Landkreis München."

QUARKSPITZEN

TOPF, HOLZLÖFFEL, SCHÖPFLÖFFEL, KÜCHENROLLE
ZUTATEN · 3 große Eier · 250 g Zucker · 400 g Mehl
· 1 Pck. Backpulver · 250 g Magerquark
· 2 bis 3 EL Milch oder Sahne · 2 kg Butterschmalz zum Ausbacken
Alle Zutaten sollten Zimmertemperatur haben

ZUBEREITUNG Eier und Zucker schaumig schlagen. Mehl, Backpulver, Quark, Milch oder Sahne hinzufügen. In einem großen Topf das Fett zum Ausbacken erhitzen. Um die Temperatur zu prüfen, einfach einen Holzlöffel in das Fett halten, wenn Bläschen am Löffel emporklettern, ist das Fett heiß genug. Teig mit zwei Esslöffeln abstechen und ins Fett geben. Wenn die Quarkspitzen goldbraun sind, mit einem Schöpflöffel aus dem Topf nehmen und auf eine Küchenrolle zum Abtropfen legen.

LUISE GRAMER: „Ich nehme Bio-Bananen, die richtig reif sind, für diese Torte."

BANANENSPLITTORTE

SPRINGFORM (26 CM), BUTTER ZUM EINFETTEN, TORTENRING, SPRITZBEUTEL MIT TÜLLE

ZUTATEN FÜR DEN BODEN · 5 Eier · 125 g Zucker · 260 g Haselnüsse, gemahlen · 1 TL Backpulver

FÜR DIE FÜLLUNG · ½ Glas Nutella · 3 Becher Sahne · 1 Pck. Galetta-Vanillecreme · 5 Bananen

FÜR DIE DEKORATION · Mandelblättchen, Schokostreusel und -blättchen

ZUBEREITUNG Ofen auf 200 Grad Ober-/Unterhitze vorheizen. Eier trennen, Eiweiße steif schlagen, dabei nach und nach Zucker dazugeben. Eigelbe verquirlen, unter die Eiweiße ziehen. Nüsse und Backpulver unter die Eiweißmasse heben. Den Teig in eine gefettete Springform füllen. Bei 200 Grad Ober-/Unterhitze ca. 20 Minuten backen. Boden auskühlen lassen. Dann einmal waagerecht durchschneiden.
Einen der Böden auf eine Kuchenplatte legen. Tortenring umlegen. Nutella leicht erwärmen, auf den Boden streichen. Sahne mit Galetta-Vanillecreme steif schlagen. Bananen der Länge nach durchschneiden, auf der Nutellacreme verteilen. Zwei Drittel der Sahne auf den Bananen verstreichen. Zweiten Boden auflegen, darauf die restliche Sahnecreme, bis auf einen großen Klecks für den Spritzbeutel, verstreichen. Mandelblättchen in einer Pfanne kurz anrösten.
Mit Mandeln, Schokostreusel, Schokoblättchen und Sahnetupfern die Torte verzieren.

BETTINA KIESSLING: „Meine Lieblingsbank für den Sonnenuntergang steht auf der Ludwigshöhe. Denn von dort schaut man auf die Voralpen."

SOMMERTRAUMDESSERT

DESSERTGLÄSER

ZUTATEN · 600 g frische Pfirsiche · 500 g Joghurt, Vanillegeschmack · 400 g Sahne · 2 Pck. Vanillezucker · 2 Pck. Sahnesteif · 350 ml Maracujasaft · 4 Pck. Dessertsoße, Vanillegeschmack ohne Kochen

ZUBEREITUNG Die Pfirsiche schälen, entsteinen und würfeln. Die Würfel jeweils auf die Dessertgläser verteilen. Vanillejoghurt darübergeben. Sahne mit Vanillezucker und Sahnesteif steif schlagen, über den Joghurt streichen. Maracujasaft mit dem Vanillesoßenpulver anrühren, damit die Sahne bedecken. Das Dessert ca. 12 Stunden im Kühlschrank ziehen lassen.
Noch ein Tipp: Es können statt frischer Pfirsiche auch Aprikosen aus der Dose genommen werden.

MARIKA LANG: „Diese Torte ist unser Liebling in der Familie. Bitte stellen Sie die Torte vor dem Genießen eine Nacht in den Kühlschrank."

PRINZREGENTENTORTE

SIEB, BACKPAPIER, BLECH, PLATTE, SPRITZBEUTEL

ZUTATEN FÜR DEN BODEN · 9 Eier · 195 g Zucker · 195 g Mehl · ½ TL Backpulver

FÜR DIE BUTTERCREME · ½ l Milch · 1 Pck. Puddingpulver, Schokolade · 100 g Zucker · 50 g Kakao · 200 g Butter

FÜR DIE DEKORATION · Schokoladenglasur

ZUBEREITUNG Ofen auf 185 Grad Ober-/Unterhitze vorheizen. Für den Biskuitteig Eier trennen. Eiweiße steif schlagen. Eigelbe, Zucker schaumig schlagen, gesiebtes Mehl, Backpulver unterheben, das steif geschlagene Eiweiß vorsichtig unterziehen. Aus dem Teig 7 bis 8 dünne Böden backen. Dazu backe ich sie auf Backpapier, schneide mir 8 Bögen vom Durchmesser einer Springform zurecht. Den ersten runden Bogen Backpapier auf ein Blech geben. Etwas Teig dünn auf das Papier streichen. Boden ca. 5 bis 8 Minuten bei 185 Grad backen. So werden auch die nächsten Böden gebacken. Böden auskühlen lassen. Für die Buttercreme aus Milch, Puddingpulver, Zucker, Kakao einen Pudding kochen, abkühlen lassen. Butter schaumig rühren, den Pudding löffelweise unterheben. Den ersten Biskuitboden auf die Tortenplatte setzen. Mit der Creme dünn bestreichen, es folgt der nächste Boden darüber, wieder mit Creme bestreichen. So mit allen Böden verfahren. Etwas Creme zum Verzieren übrig lassen. Schokoladenglasur im Wasserbad schmelzen, mit der flüssigen Schokolade die Torte oben bestreichen. Restliche Schokocreme in den Spritzbeutel mit Sterntülle geben, damit die Torte verzieren.

HEDI BUCHER: „Die Erdbeeren kann man auch gut durch Blaubeeren oder eingemachte Pfirsiche ersetzen."

ERDBEER-JOGHURT-TORTE

SPRINGFORM (26 CM), BUTTER ZUM EINFETTEN, TORTENRING

ZUTATEN FÜR DEN BODEN · 4 Eier · 120 g Zucker · 1 Pck. Vanillezucker · 1 EL Wasser · 100 g Mehl · 20 g Speisestärke · 50 g Mandelblätter

FÜR DIE FÜLLUNG · 500 g Erdbeeren · 250 g Quark · 300 g Joghurt, stichfest · ca. 2 EL Zucker · 1 Pck. Vanillezucker · 6 Blatt Gelatine · 2 Becher Sahne · 2 Pck. Sahnesteif

FÜR DIE DEKORATION · Puderzucker

ZUBEREITUNG Aus den Zutaten für den Boden einen Biskuitteig herstellen: Eier trennen. Eiweiße schnittfest schlagen. Eigelbe mit Zucker, Vanillezucker und 1 EL Wasser cremig rühren. Steifes Eiweiß daraufgeben. Mehl, Speisestärke sieben, über die Eiermasse geben, alles vorsichtig unterheben. Boden der Springform fetten, Teig hineinfüllen, glatt streichen, mit Mandelblättchen bestreuen. Bei 200 Grad ca. 30 Minuten Ober-/Unterhitze backen. Rand der Form abnehmen. Boden auskühlen lassen. Danach waagerecht halbieren. Den unteren Teil auf eine Platte setzen, Tortenring umlegen. Erdbeeren waschen, Grün entfernen, in Spalten schneiden, auf dem Boden verteilen. Für die Füllung Quark, Joghurt, Zucker, Vanillezucker verrühren. Gelatine einweichen, auflösen, mit der Quarkmasse vermischen. Sahne mit Sahnesteif steif schlagen, unter die Masse heben. Sobald diese beginnt, fest zu werden, die Creme über den Erdbeeren verteilen. Den zweiten Boden in 12 Stücke teilen, diese auf die Quarkcreme legen, leicht andrücken. Kuchen für mindestens 4 Stunden kalt stellen. Vor dem Servieren mit Puderzucker bestäuben.

MARILLE FEICHTMEYER: „Wir haben einen Walnussbaum im Garten. Er ist 30 Jahre alt, liefert mir zuverlässig meine Nüsse."

APFEL-WALNUSS-KUCHEN

SPRINGFORM (26 CM), BUTTER ZUM EINFETTEN

ZUTATEN · 500 g Äpfel · 200 g Butter · 250 g Zucker · 4 Eier · 1 Pck. Backpulver · 300 g Mehl · 2 gestr. TL Zimt · 100 g Walnüsse, gehackt · Puderzucker zum Bestreuen

ZUBEREITUNG Ofen auf 180 Grad Ober-/Unterhitze vorheizen. Die Äpfel schälen, entkernen, in kleine Stücke schneiden. Butter, Zucker, Eier in eine Schüssel geben, schaumig aufschlagen. Das mit Backpulver gemischte Mehl und den Zimt unterrühren. Die gehackten Nüsse und die Apfelstücke unter den Teig heben. Den Teig in eine gefettete Springform geben und bei 180 Grad ca. 60 Minuten backen. Vor dem Genießen mit Puderzucker bestreuen.

OBSTKUCHEN IM GLAS

HILDEGARD SCHNEIDER: „Ich verschenke diese Kuchen im Glas z. B. an die Pferdebesitzer auf unserem Hof. Ich dekoriere die Gläser mit Kränzen aus Kräutern, mit Blumen, Schleifen oder packe sie in Spitzenstoffe ein."

5 WECKGLÄSER À 500 ML, BUTTER ZUM EINFETTEN

ZUTATEN · 4 EL Semmelbrösel · 4 Äpfel, säuerlich, oder 4 Pfirsiche · Saft von 1 Bio-Zitrone · 200 g Butter · 1 Prise Salz · 175 g Zucker · 4 Eier · 200 g Schmand · 100 g Mandeln, gemahlen · 2 TL Backpulver · 350 g Mehl

ZUM BESTREUEN · 50 g gehobelte Mandeln · Puderzucker

ZUBEREITUNG Ofen auf 180 Grad Ober-/Unterhitze vorheizen. Gläser fetten, mit Semmelbrösel ausstreuen. Äpfel bzw. Pfirsiche schälen, vierteln, entkernen bzw. entsteinen, würfeln. Äpfel mit Zitronensaft beträufeln. Butter, Salz schaumig rühren, abwechselnd Zucker und Eier unterrühren, dann den Schmand. Mandeln, Backpulver, Mehl vermengen, zügig unter die Buttermasse rühren, sodass ein geschmeidiger Teig entsteht. Die Äpfel/Pfirsiche unterziehen. Die Gläser zu zwei Dritteln mit dem Teig füllen. Der Rand sollte sauber bleiben. Mit Mandeln bestreuen. Bei 180 Grad ca. 40 bis 45 Minuten goldbraun backen. Stäbchenprobe machen! Gläser noch heiß mit Gummiring und Deckel verschließen, langsam auskühlen lassen. Vor dem Servieren mit Puderzucker bestreuen. Haltbar sind die Kuchen mit Obst zwei Wochen und ohne Obst vier Wochen.

IDYLL Das Restaurant Waldhaus liegt am Deininger Weiher. Der Moorsee ist 100 Meter breit, 260 Meter lang. Seine Tiefe: nur 1,80 Meter. Im Sommer tummeln sich hier die Badegäste, genießen die Auszeit in der Natur

KÄSENOCKEN

MARKUS TSCHURTSCHENTHALER: „In unserem Waldhaus Deininger Weiher und im Waldhaus Zur Alten Tram in Straßlach verwöhnen wir unsere Gäste mit saisonaler Küche aus dem Alpenvorland und dem mediterranen Raum."

ZUTATEN · 30 g Zwiebeln · 20 g Butter · 150 g Knödelbrot (altes Weißbrot gewürfelt) · 100 g Bergkäse, würzig · 2 EL Petersilie · 3 Eier · 100 ml Milch · 4 EL Schnittlauch · 1 Prise Muskat · Pfeffer aus der Mühle · 2 EL Mehl · Salz · 20 g Parmesan, gerieben · 30 g Butter

ZUBEREITUNG Zwiebeln fein schneiden, in Butter dünsten. Knödelbrot in eine Schüssel geben. Käse klein würfeln. Zwiebeln, Käse, Petersilie zum Knödelbrot hinzufügen. Eier mit Milch verrühren, mit dem Schnittlauch zur Knödelmasse geben. Mit Muskat, Pfeffer würzen und gründlich vermengen. Mehl darüberstreuen, die Masse vorsichtig kneten, bis der Teig zusammenhält. Mit nassen Händen Nocken formen. Reichlich Salzwasser in einem Topf zum Kochen bringen, die Nocken in das kochende Wasser geben und ca. 12 Minuten kochen. Die Nocken abtropfen lassen, auf einen Teller geben und mit Parmesan und gebräunter Butter servieren.

WIE SICH DIE ZEITEN DOCH ÄNDERN! *Auf dem Schwarz-Weiß-Foto sehen wir die Frauengemeinschaft um 1930. Die Damen mit Kränzen im Haar, in Tracht, ernst schauen sie in die Kamera. Das Bild oben zeigt die Gemeinschaft heute: selbstbewusste Frauen, fröhlich, im schmucken Dirndl. Die Geschichte geht auf das Jahr 1918 zurück. Damals gründete sich der heutige Verein. Der Beitrag für die Mitgliedschaft: 2 Mark im Jahr! Jedes Mitglied bekam ein kleines Vereinsbüchlein mit den Statuten, dem Aufnahmezeugnis. Man traf sich, trug den christlichen Glauben weiter, hatte im 1. Sonntag im Monat die Vereinsversammlung in der Kirche. Eine Gemeinschaft – einst und heute*

MIT FINGERHUT
Das Besticken der Lederhose ist eine hohe Kunst. Die Muster haben Tradition. Das leuchtende Grün ist eine der klassischen Farben

EIN BESUCH IN EGLING *Ist es nicht schön, wenn die Tradition weitergeht? Ein altes Handwerk in der Familie bleibt? Die Großeltern Paula und Johann von* **PETER FRÖSTL, JR.** *(Foto links) haben ihr Trachtengeschäft und die Werkstatt 1969 gegründet. Später übernahm Sohn Peter das Geschäft, heute ist Enkel Peter jr. mitverantwortlich. Er hat Säckler gelernt, schneidert Lederhosen nach Maß. Sie sind so beliebt, dass man bis zu zwei Jahre darauf wartet. Aber nicht nur das Handwerk, auch die Philosophie der Familie lebt weiter:* „**TRACHT IST NED NUR A GWAND, ES IS A HOAMATGFUI**", *Tracht ist nicht nur Kleidung, es ist ein Heimatgefühl*

ANNA GALL: „Ich backe diese Torte gern einen Tag vorher. So hat man am Fest weniger Stress und die Torte zieht richtig gut durch."

FESTTAGSTORTE

3 SPRINGFORMEN (28 CM), BACKPAPIER

ZUTATEN FÜR DIE NUSS-BAISER-BÖDEN · 5 Eiweiß · 160 g Zucker · Etwas Vanillemark · 40 g Mehl · 125 g Haselnüsse, gemahlen

FÜR DEN BISKUIT · 4 Eier · 150 g Zucker · 150 g Mehl · 1 Msp. Backpulver

FÜR DIE QUARKCREME · 700 g Magerquark · 3 Eigelb · 120 g Zucker · 1 Pck. Vanillezucker · 5 EL Weinbrand · 9 Blatt Gelatine, weiß · 250 ml Sahne

ZUBEREITUNG Ofen auf 180 Grad Ober-/Unterhitze vorheizen. Für die Böden Eiweiße in eine Schüssel geben, steif schlagen. Zucker dabei langsam einrieseln lassen. Vanillemark, Mehl, Nüsse unterheben. Teig teilen. In zwei mit Backpapier ausgelegte Springformen geben. Bei 180 Grad ca. 15 Minuten backen. Für den Biskuit Eier und Zucker in eine Schüssel geben und schaumig rühren. Mehl und Backpulver unterheben. Den Boden in eine mit Backpapier ausgelegte Springform geben. Ca. 25 Minuten bei 175 Grad backen. Nach dem Auskühlen waagerecht durchschneiden. Quark, Eigelbe, Zucker, Vanillezucker, Weinbrand verrühren. Dann aufgelöste Gelatine zügig unterrühren, damit es keine Klümpchen gibt. Sobald die Creme zu gelieren beginnt, steif geschlagene Sahne unterziehen. Einen der Nussböden auf eine Tortenplatte setzen, etwas Creme darauf verteilen. Es folgen Biskuitboden und Creme, Nussboden und Creme, Biskuitboden und Creme. Zum Schluss die Torte festlich verzieren.

SUSANNE LANG: „Wir haben in unserem Garten sehr alte Apfelbäume. Diese alten Sorten nehme ich besonders gern zum Backen."

APFEL-BLÄTTERTEIG-ROSEN

8 MUFFINFORMEN, BUTTER ZUM EINFETTEN, SIEB, REIBE

ZUTATEN · 2 Rollen Blätterteig aus dem Kühlregal · 2 Äpfel mit roter Schale, ungespritzt · 1 Zitrone · 300 ml Wasser · Apfel- oder Aprikosenmarmelade · 100 g Marzipan · Zimt

ZUBEREITUNG Ofen auf 180 Grad Ober-/Unterhitze vorheizen. Blätterteig kurz bei Zimmertemperatur ruhen lassen. Ausrollen und jeweils waagerecht in 4 Streifen schneiden. Muffinformen gut einfetten. Äpfel waschen, halbieren, Kerngehäuse entfernen. Auf die Schnittfläche legen und quer in ca. 3 mm dünne Streifen schneiden. Zitrone auspressen, Saft mit dem Wasser in einem Topf aufkochen. Apfelscheiben sofort hineingeben, etwa 5 Minuten weich kochen, in ein Sieb legen und abkühlen lassen. Blätterteigstreifen dünn mit Marmelade bestreichen, Rand frei lassen. Marzipan fein reiben, auf dem Blätterteig verteilen. Apfelscheiben am oberen Rand eines Streifens überlappend entlang legen. Wölbung nach oben. Mit Zimt bestreuen. Die untere Hälfte des Blätterteigstreifens nach oben klappen, um die Apfelscheiben zu fixieren. Dann den Streifen von der Seite her dicht aufrollen, sodass eine Rose entsteht. Diese in die Muffinform setzen. Mit den weiteren Blätterteigstreifen genauso verfahren. Die Rosen bei 180 Grad ca. 30 Minuten backen. Mit einem Löffel vorsichtig aus der Form lösen.

KARINS RUMBOMBE

KARIN SPINDLER: „Die Torte darf ruhig zwei Tage vor dem Verzehr fertig sein, so kommt der Geschmack voll zur Geltung. Süßen Genuss!"

2 SPRINGFORMEN (26 CM), BUTTER ZUM EINFETTEN, MEHL ZUM BESTÄUBEN, HOLZSTÄBCHEN, KUCHENGITTER

ZUTATEN FÜR DEN TEIG · 6 Eier · 200 g Zucker · 1 Pck. Vanillezucker · 200 g Mehl · ½ Pck. Backpulver

FÜR DIE CREME · 2 Eier · 150 g Zucker · 1 Pck. Vanillezucker · ¼ l Milch · 200 g Butter · 4 EL Rum · 1 TL Kakao, gehäuft · 3 EL Aprikosenkonfitüre · ¼ l Sahne

FÜR DIE GLASUR · Schokoladenglasur

ZUBEREITUNG Ofen auf 175 Grad Ober-/Unterhitze vorheizen. Für den Teig Eier und Zucker schaumig rühren, Vanillezucker zugeben. Das gesiebte Mehl mit dem Backpulver unter die Eiermasse heben. Zwei Springformen einfetten und mit Mehl bestäuben. In eine der Formen ein Drittel des Teigs geben, in die zweite Form den restlichen Teig. Glatt streichen. Bei 175 Grad ca. 45 Minuten backen. Stäbchenprobe durchführen. Nach dem Backen die Kuchen in der Form kurz abkühlen lassen, dann vorsichtig stürzen, auf einem Kuchengitter vollständig abkühlen lassen. Für die Creme Eier, Zucker, Vanillezucker schaumig rühren. Milch erwärmen, 2 EL Butter darin schmelzen. Die Masse aus Eiern, Zucker, Vanillezucker in der Milch aufkochen. Vom Herd nehmen, unter häufigem Durchschlagen abkühlen lassen. Die restliche Butter schaumig rühren, die erkaltete Milchmasse löffelweise dazugeben und anschließend Rum und Kakao unterrühren. Den dünneren Boden mit der Aprikosenkonfitüre bestreichen. Den zweiten Boden in Würfel schneiden. Die Sahne steif schlagen und zusammen mit den Würfeln unter die Creme heben. Die Masse kuppelartig auf den dünnen Boden geben und zur Bombe formen. Anschließend mit der im Wasserbad geschmolzenen Schokoladenglasur überziehen.

ROBBY HIRTL: „Zeiten ändern sich – das Gute bleibt! Wie unser Gasthaus ZUR MÜHLE. Im Jahre 1007 wurde es zum ersten Mal urkundlich erwähnt. In unseren urigen Stub'n servieren wir bayrische Küche und andere kulinarische Überraschungen."

BÄRLAUCHSPAGHETTI

ZUTATEN FÜR 4 PERSONEN

- 200 g Bärlauch · 200 ml Olivenöl
- 50 g Pinien- und Sonnenblumenkerne, geröstet
- 1 TL Zitronensaft · 1 Prise Salz · Etwas Chili
- 1 EL Olivenöl · 1 EL Butter · 480 g Spaghetti
- Schafskäse und Parmesan nach Bedarf

ZUBEREITUNG Bärlauch waschen, klein schneiden. Bitte nicht pürieren! Olivenöl, Pinien- und Sonnenblumenkerne, Zitronensaft und Salz mit dem Bärlauch vermengen. Chili in 1 EL Olivenöl und Butter in einer großen Pfanne leicht anbraten.
Spaghetti al dente kochen. Die abgetropften Spaghetti nicht abschrecken, zum Chili geben. Bärlauchpesto und Schafskäse unterziehen. Auf Tellern anrichten und mit einer Haube aus geriebenem Parmesan servieren.

FEUERWEHR  KUCHEN

FRANZISKA LOINGER: „Der Name für diese Torte entstand, weil die Feuerwehr immer einen Kuchen naschen wollte."

SPRINGFORM (26 CM), BUTTER ZUM EINFETTEN

ZUTATEN FÜR DEN TEIG
· 200 g Mehl · 100 g Zucker · 100 g Butter · 1 Ei · 1 Msp. Backpulver

FÜR DIE FÜLLUNG
· 1 Glas Kirschen à 720 ml · 1 Pck. Vanillepuddingpulver · 1 EL Zucker

FÜR DIE STREUSEL
· 110 g Mehl · 100 g Zucker · 90 g Butter · 100 g Mandeln, gemahlen · ½ TL Zimt

FÜR DIE DEKORATION
· 400 ml Schlagsahne · 2 Pck. Vanillezucker · 2 Pck. Sahnesteif · 1 TL Kakao

ZUBEREITUNG
Ofen auf 175 Grad Ober-/Unterhitze vorheizen. Für den Teig Mehl, Zucker, Butter, Ei und Backpulver in eine Schüssel geben, zum Mürbeteig verkneten. Kirschen abtropfen lassen. ¼ Liter Saft abmessen. Puddingpulver mit 4 EL des abgemessenen Safts, 1 EL Zucker verrühren. Den restlichen abgemessenen Saft in einen Topf geben, zum Kochen bringen, Puddingpulver einrühren. Kurz aufkochen lassen. Kirschen (bis auf einige für die Deko) untermengen. Vom Herd nehmen. Mürbeteig in eine gefettete Springform geben, Boden und einen Rand formen. Kirsch-Puddingmasse darauf verteilen. Die Zutaten für die Streusel mit den Händen zu Streuseln kneten, über die Kirsch-Puddingmasse geben. Den Kuchen bei 175 Grad ca. 50 bis 60 Minuten backen. Auskühlen lassen. Sahne mit Vanillezucker und Sahnesteif steif schlagen. Auf den Kuchen streichen, mit Kakao und eventuell einigen Kirschen verzieren.

INGRID SEIFERT: „Mein Hobby? Ich mache Kerzen zu Anlässen wie zum Beispiel Hochzeiten oder Taufen."

MAMAS ROTWEINKUCHEN

KASTENFORM (30 CM), BUTTER ZUM EINFETTEN

ZUTATEN FÜR DEN BODEN
· 150 g Butter · 170 g Zucker · 5 Eier · 1 TL Zimt · 2 EL Kakao · 1 Schnapsglas Rum · 250 g Mehl · 1 Pck. Backpulver · 1/8 l Rotwein · 100 g Schokoladenstreusel

FÜR DIE BUTTERCREME
· 170 g Butter · 170 g Margarine · 2 Pck. Vanillezucker · 1 EL Puderzucker · 1 TL Strohrum, 80 % · 2 TL Kakao

ZUBEREITUNG Ofen auf 175 Grad Ober-/Unterhitze vorheizen. Für den Boden Butter, Zucker, Eier schaumig rühren. Zimt, Kakao, Rum hinzufügen, nochmals verrühren. Danach Mehl, Backpulver, Rotwein, Schokoladenstreusel unterziehen. Den Teig in eine gefettete Kastenform geben, bei 175 Grad ca. 60 Minuten backen. Kuchen auskühlen lassen, auf eine Platte geben. Den Kuchen zweimal der Länge nach durchschneiden. Die Zutaten für die Buttercreme so lange verrühren, bis die Konsistenz richtig schön cremig ist. Die Buttercreme auf den ersten Boden streichen, den zweiten Boden aufsetzen, wieder mit Creme bestreichen. Dritten Boden aufsetzen und jetzt den Rotweinkuchen rundherum mit Creme bestreichen. Ich verziere den Kuchen gern mit einer Gabel. Dabei entstehen tolle Muster ohne großen Aufwand. Am besten schmeckt der Kuchen, wenn er ein bis zwei Tage vor dem Verzehr zubereitet wird.

KÄTHI SCHÖNAUER:
„Tradition und Brauchtum
sind mir wichtig."

HASENÖHRL

TEIGRAD, MEHL FÜR DIE ARBEITSFLÄCHE, TOPF

ZUTATEN · 300 g Mehl · 1 Prise Salz · 50 g Zucker · 75 g Butter · 125 g Topfen (Quark) · 2 Eier · 2 Eigelb · 2 kg Butterschmalz · Puderzucker nach Belieben

ZUBEREITUNG Mehl, Salz, Zucker, Butter, Topfen, Eier, Eigelbe zu einem Knetteig verarbeiten. Den Teig auf einer bemehlten Arbeitsfläche ca. 5 mm dick ausrollen und in Dreiecke ausradeln. Backfett im großen Topf erhitzen. Die Hasenöhrl nach und nach in das heiße Fett geben und goldgelb ausbacken. Abkühlen lassen und vor dem Servieren mit Puderzucker bestäuben.
Wir essen sie gern mit Kompott. Lässt man den Zucker weg, kann man sie auch zur Suppe genießen.

TINA FEICHTMEYER: „Die Torte sieht auch sehr hübsch aus, wenn man sie mit Schokoraspeln anstelle von Krokant verziert."

GIOTTOTORTE

SPRINGFORM (26 CM), BACKPAPIER

ZUTATEN FÜR DEN BODEN · 6 Eier · 1 Pck. Vanillezucker · 220 g Zucker · 280 g Mehl · 2 TL Backpulver

FÜR DIE FÜLLUNG/VERZIERUNG · 1 l Sahne · 8 Stangen Giotto · Nutella zum Bestreichen der Böden · Krokant nach Belieben

ZUBEREITUNG Ofen auf 175 Grad Ober-/Unterhitze vorheizen. Für den Boden Eier, Vanillezucker, Zucker in eine Schüssel geben und ca. 20 Minuten schaumig rühren. Dann Mehl sieben, mit Backpulver mischen, unterheben. Springform mit Backpapier auslegen. Die Masse einfüllen, bei 175 Grad ca. 50 Minuten backen. Boden komplett abkühlen lassen und zweimal waagerecht durchschneiden. Für die Füllung Sahne in eine Schüssel geben, steif schlagen. Ein Drittel der Sahne beiseitestellen. 6 Giottokugeln halbieren, ebenfalls zur Seite legen. Die restlichen Kugeln pürieren, unter die zwei Drittel der Sahne heben. Die ersten beiden Böden mit Nutella bestreichen. Auf den ersten Boden die Hälfte der Giotto-Sahne streichen, den zweiten Boden auflegen und mit der restlichen Giotto-Sahne bestreichen. Anschließend den letzten Boden auflegen und die ganze Torte mit Sahne bestreichen. Die Torte mit den halbierten Giottokugeln und Krokant verzieren. Torte bis zum Servieren bitte kühl stellen.

ERBSTÜCKE *In den alten Tassen und Kännchen unserer Großeltern blühen jetzt Ranunkel, Wiesenschaumkraut, Clematis, verschiedenes Grün wie Thymian und Rosmarin*

SCHÖNES AUS DER NATUR

HILDEGARD SCHNEIDER: „In der Natur finden wir so viele Inspirationen für eine schlichte und dennoch außergewöhnliche Deko. Ich nutze gern die Kräuter und Rosen aus meinem Bauerngarten dazu. Noch ein Tipp für das Herz unten auf dieser Seite: Träufeln Sie ein paar Tropfen Rosenöl darauf, so wird es ein duftendes Geschenk für liebe Freunde"

FÜRS KAFFEEKRÄNZCHEN
Um die Glasschale mit der Sahne wird ein Kranz aus Thymian, Rosmarin, Lavendel gelegt. Verziert von einer feinen Schleife

MIT LIEBE Das Herz habe ich aus unserem guten Heu gebunden. Als Untergrund dient ein Draht in Herzform. Eingeflochten sind z. B. Schleierkraut, Hortensien, Röschen

DANI BUCHER: „Mein Tipp: Den oberen Boden noch warm bereits in Stücke schneiden und diese auf die Torte legen."

HIMMELSTORTE

2 SPRINGFORMEN (26 CM), BACKPAPIER

ZUTATEN FÜR DIE BÖDEN · 100 g Butter, Zimmertemperatur · 100 g Zucker · 4 Eigelb · 125 g Mehl · 1 TL Backpulver · 4 Eiweiß · 200 g Zucker · 1 Pck. Vanillezucker · 60 g Mandelblättchen

FÜR DIE FÜLLUNG/VERZIERUNG · 4 Becher Sahne · 4 Pck. Sahnesteif · 1 großes Glas Kirschen, abgetropft

ZUBEREITUNG Ofen auf 175 Grad Umluft vorheizen. Butter und 100 g Zucker in eine Schüssel geben, mit Eigelben schaumig rühren. Mehl und Backpulver mischen, unterziehen. Den Teig halbieren, in zwei mit Backpapier belegte Springformen streichen. Eiweiße mit 200 g Zucker, Vanillezucker schnittfest schlagen, in Wellen auf den Böden verteilen. Mandelblättchen darüberstreuen. Böden bei 175 Grad ca. 25 Minuten backen. Die Böden aus der Form nehmen, abkühlen lassen, Backpapier abziehen. Sahne mit Sahnesteif steif schlagen. ¼ der Sahne zum Verzieren beiseitestellen. Die Kirschen unter die restliche Sahne heben. Einen Boden auf eine Tortenplatte legen. Die Sahne-Kirschmasse darauf verteilen. Den zweiten Boden darüberlegen. Die Torte rundherum mit Sahne verzieren. Kuchen ca. 1 Stunde kühl stellen.

SANDRA THOMA: „Nimm dir Zeit für die Dinge, die dich glücklich machen – das ist der Spruch, der mich im Leben begleitet."

BUTTERMILCHKUCHEN

BLECH, BACKPAPIER

ZUTATEN · 3 Eier · 2-3 Tassen Zucker, je nach Geschmack · 2 Tassen Buttermilch · 1 Pck. Vanillezucker · 1 Pck. Backpulver · 4 Tassen Mehl · 200 g Kokosflocken · 1 Becher Sahne · 150 g Butter

ZUBEREITUNG Ofen auf 170 Grad Heißluft vorheizen. Eier, Zucker, Buttermilch, Vanillezucker, Backpulver, Mehl in eine Schüssel geben, zu einem glatten Teig verrühren.
Teig auf dem mit Backpapier belegten Blech verstreichen.
Die Kokosflocken darauf verteilen. Bei 170 Grad ca. 25 Minuten backen.
Sahne und Butter in einen Topf geben, kurz aufkochen, auf dem noch warmen Kuchen verteilen.

ELISABETH GALL: „Die Löwenzahnblüten werden im Messbecher abgemessen, lose einfüllen, bitte nicht stopfen."

WILDBLÜTENGELEE

ZUTATEN FÜR 4 BIS 5 KLEINE GLÄSER
- 1 l Löwenzahnblüten, gelb, ohne das grüne Hüllblatt
- 1 l Wasser oder 1/3 l Apfelsaft und 2/3 l Wasser
- ½ Vanillestange · Gelierzucker 2:1
- 1 Pck. Zitronensäure zum Einmachen

ZUBEREITUNG Die Löwenzahnblüten in Wasser aufkochen, abkühlen und 1 Nacht zugedeckt im Kühlschrank ziehen lassen. Am nächsten Tag nochmals 10 Minuten köcheln lassen. Abseihen, die Blütenblätter auspressen. Den abgekühlten Sud abmessen, danach richtet sich die Menge des Gelierzuckers und der Zitronensäure. Sud mit Gelierzucker, Vanillestange und Zitronensäure aufkochen. Sofort in Gläser abfüllen, verschließen und kopfüber 10 Minuten auf ein Geschirrtuch stellen.

„DEN GELEE können Sie auch mit Günsel, Gänseblümchen, Taubnessel machen. Doch bitte **NUR DIE BLÜTEN** verwenden."

MARIA REINHARDT:
„Die Windbeutel für diese Torte gibt es fertig zu kaufen."

WINDBEUTELTORTE

SPRINGFORM (28 CM), BACKPAPIER, TORTENRING

ZUTATEN FÜR DEN TEIG · 3 Eier · 5 EL Zucker · 5 EL Mehl · 1 Pck. Backpulver · 5 El Öl

FÜR DIE FÜLLUNG · 3 Becher Sahne · 1 Becher Schmand · 1 Becher Crème fraîche · 7 EL Gelierzucker · 1 Pck. Windbeutel · 1 Pck. Gelatine, gemahlen · 500 g Rote Grütze

ZUBEREITUNG Den Ofen auf 170 Grad Ober-/Unterhitze vorheizen. Alle Zutaten für den Teig verrühren und in eine mit Backpapier ausgelegte Springform füllen.
Den Boden bei 170 Grad ca. 20 Minuten backen. Auskühlen lassen.
Für die Füllung die Sahne steif schlagen, Schmand und Crème fraîche unterheben. Gelierzucker unterrühren.
Um den Boden einen Tortenring legen. Etwas Creme auf dem Boden verteilen und die Windbeutel daraufsetzen. Mit der restlichen Creme die Windbeutel bedecken. Gelatine nach Angabe auflösen, Rote Grütze dazugeben, verrühren und über die Creme gleichmäßig verteilen. Die Torte eine Nacht in den Kühlschrank stellen.

PETER KÖGLSPERGER, JR.: „Tradition und Handwerk – dafür steht unsere Bäckerei. Ich führe sie in 5. Generation. Wir backen alles selber. Unser Hauptgeschäft befindet sich in Deining, die Filialen in Sauerlach und Großdingharting."

KIRSCHWASSERPLÄTZCHEN

NUDELHOLZ, AUSSTECHER, KLEINER STERNAUSSTECHER, 2 BLECHE, BACKPAPIER

ZUTATEN · 1 Ei · 200 g Butter, Zimmertemperatur · 100 g Puderzucker, gesiebt · 1 Prise Salz · Mark von 1 Vanilleschote · Spritzer Zitronensaft · Msp. Zimt · Msp. Nelken, gemahlen · 300 g Mehl · 50 g Vanillezucker · 200 g Himbeermarmelade · Schluck Kirschwasser

ZUBEREITUNG Ei trennen. Butter, Puderzucker, Eigelb, Salz sowie Vanille, Zitronensaft, Zimt, Nelken vermengen. Zum Schluss das Mehl dazugeben, alles zu einem glatten Teig verkneten. Teig für 60 Minuten abgedeckt im Kühlschrank ruhen lassen. Teig 3 mm dünn ausrollen. Mit einem gezackten, runden Ausstecher (90 mm) Plätzchen ausstechen. Bei der Hälfte der Plätzchen wird mit einem kleineren Sternausstecher noch die Mitte ausgestochen. Ofen auf 180 Grad Ober-/Unterhitze vorheizen. Deckel (die mit dem Sternchen in der Mitte) und Böden getrennt auf die mit Backpapier belegten Bleche geben. Bei 180 Grad ca. 7 Minuten backen, bis die Zacken beginnen, dunkel zu werden. Die Deckel sind meistens etwas früher fertig. Die Deckel abkühlen lassen, dann vorsichtig in Vanillezucker tauchen. Damit der Zucker hält, müssen die Plätzchen noch warm sein. Bitte aufpassen: Wenn sie zu heiß sind, brechen sie. Marmelade mit etwas Kirschwasser abschmecken, mit dem Mixer kurz aufschlagen. Die Marmelade auf die Böden der Plätzchen streichen. Die gezuckerten Deckel vorsichtig draufsetzen. Dann die restliche Marmelade leicht erhitzen und den Stern in der Mitte mit der flüssigen Marmelade füllen.

PUNSCH VON DER SEIDL OMA

ZUTATEN • 5 Blutorangen • 3 Zitronen • 500 g Zucker • 2 Flaschen Rotwein, kräftig • 1 Flasche Weißwein • 2 Liter Schwarzer Tee • 2 Beutel Glühfix • ½ l Rum, 50 %

ZUBEREITUNG Von Orangen und Zitronen die Schale abreiben, in eine Schüssel geben. Die Früchte auspressen, Saft zu den Schalen hinzugeben, ebenso den Zucker, alles gut verrühren. Rot- und Weißwein in einem Topf erhitzen, nicht kochen! Tee und Glühfix in einem zweiten Topf erhitzen und 5 Minuten ziehen lassen. Die Hälfte der Teemischung zum Fruchtsaft geben, so lange rühren, bis sich der Zucker auflöst. Die Mischung durch ein Sieb zum Wein geben. Dann den restlichen Tee hinzugießen und erhitzen. Zum Schluss kommt noch der Rum dazu.

GRÜSS EUCH! Das Gasthaus „Zum Neuwirt" mit dem Biergarten in Großdingharting schreibt Geschichte: Es ist seit 1649 im Familienbesitz. Stolz verewigte Wirt Seidl damals das Eröffnungsdatum in der „Von-der-Tann-Uhr", die in der Gaststube noch immer am selben Platz hängt. Ihr Kaufpreis: 7 Gulden und 24 Kreuzer. Das Punschrezept oben von Oma Marianne Seidl ist circa 100 Jahre alt. Heute führt Josef Seidl in 11. Generation das beliebte Gasthaus. Auf dem großen Foto sehen wir ihn mit Tochter Sabine

KÜRBIS-APFEL-MANGO-MARMELADE

ZUTATEN · 1000 g Kürbis
· 1000 g Äpfel · 500 g Mango
· 2,5 Pck. Gelierzucker 2:1

ZUBEREITUNG Obst schälen, entkernen/entsteinen, in kleine Stücke schneiden, in einen Topf geben. Gelierzucker hinzufügen, zum Kochen bringen, dabei umrühren. 5 Minuten aufkochen lassen, pürieren. Gelierprobe machen. In Gläser einfüllen, verschließen.

EIERLIKÖR

ZUTATEN · 3 Eigelb · 1 Pck. Vanillezucker
· 100 g Puderzucker · 1 Becher Sahne
· 100 ml Weinbrand oder Cognac

ZUBEREITUNG · Eigelbe, Vanillezucker, Puderzucker in eine Schüssel geben, mit dem Mixer 10 Minuten verrühren. Sahne hinzufügen und weitere 5 Minuten verrühren. Weinbrand oder Cognac hinzufügen und nochmals 3 Minuten weiterrühren. Den Eierlikör in eine Flasche abfüllen, im Kühlschrank aufbewahren und bald trinken!

HELGA WIESER: „Wer die Marmelade leicht scharf mag, kann sie mit etwas Ingwer verfeinern."

MARLENE LESERER: „Mein Tipp für den Winter: Den Eierlikör vorsichtig erwärmen und mit einem Sahnehäubchen und Zimt genießen."

GABI JICHA: „Dieser Schokokuchen ist ein Familienrezept. Ich habe es von meiner Schwiegermutter, die in Wien arbeitete und es von dort mitbrachte."

SCHOKOKUCHEN

FEUERFESTES GEFÄSS, SPRINGFORM (28 CM), SIEB, BUTTER ZUM EINFETTEN

ZUTATEN FÜR DEN TEIG · 100 g Schokolade · 4 Eier · 180 g Butter, weich · 180 g Zucker · 180 g Mehl · 2 TL Backpulver

FÜR DIE FÜLLUNG · 300 g Johannisbeermarmelade

FÜR DIE GLASUR · 100 g Schokolade · 100 g Butter

ZUBEREITUNG Ofen auf 165 Grad Heißluft vorheizen. Schokolade in ein feuerfestes Gefäß bröckeln, in den Backofen geben, bis sie flüssig geworden ist. Eier trennen. Eiweiße steif schlagen. Butter schaumig rühren, dann die flüssige Schokolade hineinrühren. Löffelweise Zucker, Eigelbe, danach erst das gesiebte Mehl mit dem Backpulver dazugeben. Zum Schluss den Eischnee unterheben. Schokoladenteig in die gefettete Springform geben. Bei 165 Grad ca. 35 bis 45 Minuten backen. Für die Glasur die Schokolade ebenfalls in einem feuerfesten Gefäß im Backofen zum Schmelzen bringen, etwas abkühlen lassen und die schaumig aufgeschlagene Butter unterrühren. Den ausgekühlten Boden auf eine Platte setzen. Einmal waagerecht durchschneiden, den unteren Boden mit Johannisbeermarmelade bestreichen. Den zweiten Boden aufsetzen, die Torte mit der Glasur bestreichen.

SABINE SPINDLER: „Anstelle des Muffinblechs eine Silikonform verwenden, so spart man die Papierförmchen."

BIENENSTICHMUFFINS

1 MUFFINBLECH, 12 PAPIERFÖRMCHEN, SPRITZBEUTEL

ZUTATEN FÜR TEIG/ BELAG · 250 g Mehl · 2 TL Backpulver · 50 g Mandeln, gem. · 100 g Butter · 100 g Zucker · 2 Eier · 300 g Saure Sahne · 40 g Butter · 40 g Zucker · 1 EL Honig · 50 g Sahne · 150 g Mandelblättchen

FÜR DIE FÜLLUNG · 400 ml Milch · 2 EL Zucker · 1 Pck. Vanillepuddingpulver · 80 g weiche Butter · 80 g Puderzucker · 1 EL Amaretto

ZUBEREITUNG Ofen auf 180 Grad Ober-/Unterhitze vorheizen. Je ein Papierförmchen in die Mulden des Blechs setzen. Mehl, Backpulver, Mandeln mischen. 100 g Butter in Stücke schneiden, mit dem Mixer cremig schlagen, dabei nach und nach 100 g Zucker hinzufügen. Eier nach und nach jeweils 1 Minute unterschlagen. Zuletzt die Saure Sahne unterrühren. Das Mehlgemisch unterziehen. Teig auf die Förmchen verteilen. Für den Belag: 40 g Butter und 40 g Zucker, Honig, Sahne in einem Topf unter Rühren aufkochen. Vom Herd ziehen, die Mandelblättchen untermischen. Mandelmasse über den Teig geben. Ca. 25 Minuten bei 180 Grad backen. Für die Füllung aus Milch, Zucker, Puddingpulver den Pudding zubereiten, abkühlen lassen. Dabei gelegentlich umrühren, damit sich keine Haut bildet. 80 g Butter mit dem Mixer cremig rühren. Puderzucker einrieseln lassen. Pudding und Amaretto untermischen. Muffins aus den Förmchen nehmen, waagerecht halbieren. Creme in einen Spritzbeutel geben, auf den unteren Hälften verteilen. Obere Hälfte wieder aufsetzen und leicht andrücken. Vor dem Servieren mit Puderzucker bestreuen.

MONIKA WEIKINN: „Der Name der Torte stammt von meiner Mama, die ihr auf dem kleinen Foto links seht. Sie ist leider früh verstorben, doch diese Torte ist eine schöne Erinnerung an sie."

ROSIS BESCHWIPSTE NUSSTORTE

SPRINGFORM (26 CM), BUTTER ZUM EINFETTEN, KOCHLÖFFEL
ZUTATEN · 6 Eier · 200 g Zucker · 1 Pck. Vanillezucker
· 200 g Haselnüsse, gemahlen · ca. 350 g Preiselbeeren
· 4 cl Rum · 600 ml Sahne · Etwas Kakao

ZUBEREITUNG Den Ofen auf 180 Grad Ober-/Unterhitze vorheizen. Eier trennen. Eiweiße steif schlagen. Eigelbe, Zucker und Vanillezucker schaumig rühren. Zuerst die Haselnüsse, dann den Eischnee unterheben. Den Teig in die gefettete Springform geben. Boden bei 180 Grad ca. 30 Minuten backen. Auskühlen lassen, dann auf eine Tortenplatte setzen. Mit dem Stiel des Kochlöffels Löcher in den Boden stechen. Preiselbeeren mit Rum mischen und auf dem Boden verteilen. Sahne steif schlagen, über die Beeren streichen. Vor dem Servieren die Torte mit Kakao bestäuben.

SYLVIA WINKLER:
„Weihnachten ist für mich ein Familienfest. Diese besinnliche Zeit feiere ich mit meinen Lieben."

ZIMTKIPFERL

BLECH, BACKPAPIER, NUDELHOLZ

ZUTATEN · 280 g Mehl · 70 g Zucker · 100 g Mandeln, gemahlen · 210 g Butter · 1 TL Zimt

ZUM WÄLZEN · 30 g Zucker und 1 TL Zimt mischen

ZUBEREITUNG Ofen auf 180 Grad Ober-/Unterhitze vorheizen. Alle Zutaten in eine Schüssel geben und mit dem Knethaken des Rührgeräts verkneten. Blech mit Backpapier auslegen.
Teig ausrollen und daraus ca. 1 cm dicke Rollen formen. Diese in ca. 4 cm lange Stücke schneiden. Die Enden etwas dünner ausrollen und zu Kipferl (Hörnchen) formen. Aufs Backblech legen und ca. 10 Minuten bei 180 Grad backen.
Die noch warmen Kipferl in der Zucker-Zimt-Mischung wälzen.

HELGA WIESER: „Ich verziere die Hirschknöpfe gern mit einem Tupfer aus weißer Schokolade."

HIRSCHKNÖPFE

KLARSICHTFOLIE, PINSEL, BACKPAPIER, BLECH

ZUTATEN · 60 g Marzipan · 200 g Butter · 80 g Puderzucker · 1 Msp. Salz · 250 g Mehl · 1 Eigelb zum Bestreichen · 50 g Mandeln, gerieben · 50 g brauner Zucker · ½ TL Zimt

ZUBEREITUNG Marzipan in kleine Würfel schneiden. Mit einem Teil der Butter zu einer cremigen Masse verkneten. Dann restliche Butter, Puderzucker, Salz unterarbeiten. Zuletzt das Mehl darunterkneten. Teig in gleich große Rollen mit einem Durchmesser von ca. 2 bis 3 cm formen.
In Folie wickeln, kühl stellen. Sobald der Teig fest ist, die Rollen nochmals nachrollen, bis sie gleichmäßig sind. Eventuell nochmals kühlen.
Dann die Rollen mit Eigelb bepinseln. Auf Backpapier Mandeln, Zucker, Zimt mischen. Die Rollen darin wälzen. Dann in 5 mm dicke Scheiben schneiden, auf ein mit Backpapier belegtes Blech legen und bei 175 Grad Heißluft ca. 10 bis 12 Minuten backen.

HAUS MIT SEEBLICK 1985 kam Walter Probst, das ist der Herr mit dem Hut, auf eine Idee: „Ich bastelte gern und baute für die Enten im Großdinghartinger Dorfteich ein Haus." Ein bayrisches Meisterstück ist ihm gelungen, mit Balkon, Blumenkästen, Fensterläden. Zwei Entenpaare sind hier mit ihrem Nachwuchs zu Hause. Einen Untermieter, den gibt es auch: Frau Bachstelze hat es sich in der Gaube gemütlich gemacht und brütet dort ihre Jungen aus.

„METZGER IST MEIN LEBEN", sagt Toni Roiderer vom Gasthof zum Wildpark in Straßlach. Doch dabei ist es nicht geblieben. Aus dem Metzger wurde ein Wirt, aus dem Wirt ein Wiesnwirt. Die Familie betreibt das Hacker-Festzelt „HIMMEL DER BAYERN".

Immer denkt er nach vorn, verwirklicht Visionen wie den ersten beheizten Biergarten Europas. Schnell wird ihm langweilig, doch die nächste Idee ist ja garantiert nicht fern. In seinem Gasthaus tischt er, in 4. Generation, bayrische Schmankerl auf. Das Fleisch stammt aus der eigenen Metzgerei.

Seit 48 Jahren an seiner Seite: Ehefrau Christl. Sohn Thomas ist Geschäftsführer der Firma, arbeitet mit dem Vater Hand in Hand. Und was macht Toni Roiderer in seiner Freizeit? „Rennradfahren. Am liebsten am frühen Morgen, wenn die Natur erwacht."

WILLKOMMEN Toni Roiderer begrüßt die Gäste oft persönlich, hat für die Kinder immer etwas Süßes dabei. Sohn Thomas zeigt die Krüge, die für die Wiesn entworfen wurden

LIEBLINGSPLATZ Zwischen den Kastanien sitzen und genießen. Brotzeit oder Schweinsbraten? Frisch gezapftes Fassbier. Ein Hoch auf die Gemütlichkeit!

SULE AFINOWI: „Seit 2017 führe ich die Metzgerei Huber mit Unterstützung meiner Frau Katharina in Großdingharting. Die Tiere, die ich schlachte, kommen aus der Region. Ich achte bis zuletzt darauf, dass es ihnen gut geht."

LEBERKNÖDELSUPPE

ZUTATEN FÜR 8 BIS 10 KNÖDEL · 500 g Semmeln (Brötchen) · 250 ml Milch, lauwarm · 3 Eier · 500 g Rinderleber, durchgedreht · 1 Prise Pfeffer · ½ TL Salz · Abrieb von 1 Bio-Zitrone · 1 TL Majoran · 1 Prise Muskat · 1 kl. Zwiebel, gedünstet · ½ Bund Petersilie, gehackt · 1 Bund Schnittlauch, gehackt · 2 l Fleischbrühe

ZUBEREITUNG Semmeln in eine Schüssel geben, mit der lauwarmen Milch übergießen, stehen lassen, bis die Semmeln die Milch aufgesogen haben. Dann alle andere Zutaten bis auf die Brühe hinzufügen, würzen. Die Masse gut durchkneten. Etwas ruhen lassen. Aus der Teigmasse die Knödel formen und sofort in die heiße Brühe geben. Wenn die Knödel wieder auftauchen und zu tanzen beginnen, sind sie durch. Mit etwas Brühe in tiefen Tellern servieren.

NACHHALTIG Katharina näht aus alten Jeans originelle Einkaufstaschen. „Ein Beitrag gegen den Plastikmüll", sagt sie. Die pfiffigen Shopper gibt es in der Metzgerei.

Im kleinen Weiler BEIGARTEN wohnt das Glück – für Mensch und Tier! Hier ist Familie Hendriock auf Gut Ingold zu Hause. „Wir bewirtschaften in 7. Generation den Hof", erzählt Valérie Hendriock.

Das landwirtschaftliche Anwesen am ISARHOCHUFER gehört zur Gemeinde Straßlach-Dingharting. Mitte der 90er Jahre wurde der Betrieb von Milchviehhaltung auf Mutterkuhhaltung umgestellt. Nach und nach wurde begonnen, das Fleisch direkt zu vermarkten. Das große Interesse an hochwertigem Rindfleisch führte dazu, dass ein HOFLADEN eröffnet wurde. Die Herde auf Gut Ingold besteht aus bayrischem Fleckvieh und der französischen Rasse Aubrac. Die artgerechte Haltung, Weidehaltung während der Sommermonate, die ausgewählten Rinderrassen, eine ausgewogene Futterration und der enge Kontakt zwischen Mensch und Tier bilden die Grundlage für ein hervorragendes Stück Rindfleisch.

Leidenschaft, Liebe und viel Erfahrung prägen die Arbeit auf dem Gut. Alle Familienmitglieder helfen, jeder mit seinen persönlichen Stärken und Vorlieben. Das Hobby der Kinder ist übrigens auch tierisch: Sohn Vincent (Foto unten) züchtet und mästet Geflügel und Tochter Veronika (Foto auf der nächsten Seite) mästet Schwäbisch-Hällische Landschweine.

FAMILIENFOTO *Valerie und Ehemann Klaus mit Tochter Veronika und Sohn Vincent. Und: Hund Lisa*

IM LADEN gibt es auch Fruchtaufstriche, Apfelmus, Säfte und Eier vom eigenen Hof

EINE KLEINE FLEISCHKUNDE

Wenn ein Tier geschlachtet wird, sollte man alles von diesem Tier verwenden. Deshalb gibt es eine große Auswahl an den so beliebten Steakstücken. Hier einige eher unbekannte Varianten: Das sogenannte Bürgermeisterstück ist so zart, dass es früher nur den hohen Würdenträgern vorbehalten war. Bei der Zubereitung bitte Zeit lassen, aufgrund der Größe braucht es etwas länger. Das Flanksteak eignet sich zum Garen im Ganzen oder für gefüllten Rinderbraten, rosé gegart. Das Kachelstück ist schön durchwachsen. Die Fetteinlagerungen schmelzen bei der Zubereitung, geben ihr wunderbares Aroma ab. Das Onglet zählt zu den Innereien. Als Steak vom Metzger pariert, medium gebraten, ergibt es ein würziges Stück.

BÜRGERMEISTERSTÜCK
FLANKSTEAK
ONGLET
KACHELSTÜCK

SO SCHMECKT DAS STEAK AM BESTEN:

1. Fleisch Zimmertemperatur annehmen lassen
2. Als ganzes Stück zubereiten und fertig gebraten aufschneiden. So bleibt das Fleisch schön saftig
3. Fett hat wertvolle Inhaltsstoffe und ist ein wichtiger Geschmacksträger. Bitte das Fett, wenn unbedingt nötig, erst nach dem Garen entfernen
4. Erst kurz vor der Zubereitung salzen
5. Ob Pfanne oder Grill – kräftig anbraten und danach mit indirekter Hitze auf den gewünschten Punkt garen (Kerntemperatur medium: 58 Grad)
6. Kurz ruhen lassen, aufschneiden und genießen

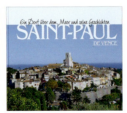

WEITERE BÜCHER AUS DEM INDIGO-VERLAG

ZU BESTELLEN:
TEL. 06192/2001222
indigo.books@t-online.de

ADRESSEN

BÄCKEREI KÖGLSPERGER
Münchner Str. 1, 82544 Deining, Tel. 08170/7464
Filiale Fußsteinerstr. 2, 82064 Großdingharting
Filiale Tegernseer Landstraße 6, 82054 Sauerlach

BRANDLHOF
Hildegard Schneider, Dekorationen, Laufzorner Weg 4,
82064 Straßlach, brandlhof.strasslach@t-online.de

DER METZGER HUBER
Gleißentalstr. 2, 82064 Großdingharting
Tel. 08170/7593, www.der-metzger-huber.de

DINGHARTINGER HONIG
Daniela Bucher, Brunnenstraße 4,
82064 Großdingharting

FISCHZUCHT AUMÜHLE
Im Isartal, 82544 Egling, Tel. 08178/4344
www.shop.fischzucht-aumuehle.de

GASTHOF ZUM WILDPARK
Tölzer Straße 2, 82064 Straßlach, Tel. 08170/99620
www.gasthof-zum-wildpark.de

GASTHAUS ZUR MÜHLE
Mühltal 10, 82064 Straßlach, Tel. 08178/3630
www.gasthausmuehle.de

GUT INGOLD
Familie Hendriock, Beigarten 1, 82064 Straßlach
Tel. 08170/925492, www.gut-ingold.de

PENSION WIESER
Helga Wieser, Ölschlagerweg 13,
82064 Großdingharting, Tel. 08170/8152
www.pensionwieser.de

TRACHTEN FRÖSTL
Tölzer Straße 14, 82544 Egling, Tel. 08176/7474
www.trachten-froestl.de

WALDHAUS DEININGER WEIHER
Deininger Weiher 4, 82064 Straßlach-Dingharting
Tel. 08170/998700, www.waldhaus-deiningerweiher.de

WALDHAUS ZUR ALTEN TRAM
Riedweg 41, 82064 Straßlach
Tel. 08170/998880, www.waldhaus-tram.de

ZUM DAMMERBAUER FERIENHOF
Familie Heitmeir, Dinghartinger Straße 3,
82064 Straßlach-Holzhausen
Tel. 08170/417, www.zum-dammerbauer.de

ZUM NEUWIRT
Deisenhofnerstr. 1, 82064 Großdingharting
Tel. 08170/7806, www.Seidl-Gastro.de

VERLAG

Hundshager Weg 15, D-65719 Hofheim/Taunus
Telefon: 06192/2001222, E-Mail: indigo.books@t-online.de

PRODUKTION: Ina Heuer, Hildegard Schneider, Helga Wieser
FOTOS UND COVER: Ralf Krein, S. 54 M. Tschurtschenthaler (1), S. 56 privat (2),
S. 57 Gemeinde Straßlach (1), S. 69 privat (1), S. 86 Seidl (1), S. 93 privat (1)
GESTALTUNG: outland design, **SCHLUSSREDAKTION:** K+H Pressebüro
DRUCKEREI: Rasch Druckerei und Verlag GmbH & Co. KG, Bramsche

ISBN 978-3-9819604-2-6

Alle Informationen zu diesem Buch sind von den Autoren mit größter Sorgfalt gesammelt und überprüft worden. Da inhaltliche und sachliche Fehler nicht ausgeschlossen werden können, erklärt der Verlag, dass alle Angaben im Sinne der Produkthaftung ohne Garantie erfolgen und dass der Verlag wie auch die Autoren keinerlei Verantwortung und Haftung für inhaltliche und sachliche Fehler übernehmen. Qualitäts- und Quantitätsangaben sind rein subjektive Einschätzungen der Autoren und dienen keinesfalls der Bewertung von Firmen und Produkten.